AF433576

Pomodoro REMIX

Una guía para principiantes sobre la técnica Pomodoro, la gestión del tiempo y la superación de la procrastinación

Copyright © 2024 Arman N. Chowdhury

Todos los derechos reservados. Este libro o cualquier parte del mismo no puede ser reproducido o utilizado de ninguna manera sin el permiso expreso por escrito del editor, excepto para el uso de breves citas en una reseña del libro.

Impreso en los Estados Unidos de América¬ Primera impresión, 2024

https://www.armanitalks.com

CONTENIDO

Introducción

La procrastinación es un sentimiento molesto. Internamente, sabes que quieres hacer el trabajo, pero algo te lo impide.

Lo que te detiene es la falta de claridad. La falta de claridad arruina las mentes más brillantes.

> ***El propósito de este libro es ayudarte a combatir las dificultades de ser adulto.***

Como adultos, parece que no tenemos mucho tiempo. Sin embargo, vemos a otros que tienen agendas más ocupadas haciendo más cosas.

¿Por qué?

La razón es porque ellos tienen una estrategia para administrar sus días, mientras que nosotros no.

La técnica simple, pero efectiva, que utilizan los mejores artistas es la Técnica Pomodoro. Donde divides estratégicamente tu carga de trabajo en unidades manejables y las abordas como una bestia.

Este libro presentará un **nuevo** concepto del que quizás nunca antes hayas oído hablar. Esto se conoce como Pomodoro Remix.

Pomodoro Remix explora mantener los principios de la técnica Pomodoro tradicional, pero convierte la unidad de trabajo de minutos en HORAS. Esta simple transición conduce a una productividad notable que solo unos pocos logran.

No importa en qué campo te encuentres, la gestión del tiempo nos une a todos. Todos buscamos sacarle horas extra al día.

En este libro aprenderemos sobre las causas de la procrastinación, cómo convertir tareas borrosas en tareas específicas, la diferencia entre el cronómetro y el cronómetro y cómo ejecutar la Técnica Pomodoro a la perfección.

– ARMANITALKS 🎙️🔥

PARTE 1:

Técnica Pomodoro

¿Qué es la Técnica Pomodoro?

La Técnica Pomodoro es un marco de gestión del tiempo que tiene en cuenta el descanso y el trabajo.

La razón por la que esta técnica es diferente a otros marcos de gestión del tiempo es porque también tiene en cuenta el descanso.

Cuando la mayoría de la gente piensa en productividad, lo primero que piensa es en trabajo. Sin embargo, eso fácilmente puede ser un problema.

La mente es como un niño pequeño. Debemos persuadirlo para que haga cosas a través de la relajación. Cuando la

abrumamos con demasiado trabajo, es
cuando la mente dice:
"Eh, tomemos hoy libre".

¿Alguna vez has tenido ese momento en
el que fuiste productivo durante días,
semanas y meses?
Pensaste que ibas a continuar con esta
tendencia por el resto de tu vida….

Luego de la nada.
¡¡BOOM!!

Te volviste vago.

Y no te volviste perezoso sólo por unos
días.
Sino más bien durante semanas, meses (y
para algunas personas… años).

Así, deshaces todo tu arduo trabajo. Este
es tu cuerpo rebelándose contra tus
arduas demandas.

La Técnica Pomodoro tiene en cuenta el
descanso por ese motivo. Es la

mantequilla de maní y la mermelada de
la gestión del tiempo.

Tenemos un trabajo consciente.
Seguido de un descanso sin sentido.

Crema de maní y mermelada.

Los beneficios de la técnica Pomodoro

La Técnica Pomodoro es un marco de gestión del tiempo que tiene en cuenta el trabajo y el descanso.

¿Cuáles son algunos de los beneficios que podemos esperar al incorporar esta técnica a nuestra vida?

Aquí hay algunos:

1 superar la procrastinación

La procrastinación te hará sentir como un fracaso en privado.

Una cosa es cuando dejas de lado los elementos de acción en la escuela. Sin embargo, es un juego completamente

diferente cuando empujas elementos de
acción en el mundo real.

Cuando dejas constantemente objetos
hasta el día siguiente en el mundo real, te
pondrás al día en la vida muy rápido. Ves
que a tus amigos les va muy bien con sus
vidas. Sin embargo, todavía estás
intentando motivarte para hacer cosas.

La Técnica Pomodoro convertirá grandes
tareas complicadas en unidades
manejables. ¡Pronto será tan fácil que
hasta un mono podría hacerlo!

Cuando te vuelvas desalentador ->
manejable, tendrás claridad.
Con claridad, dejarás de procrastinar
tanto.

2 Marco repetible simple

¿No odias cuando quieres traer algo de
productividad a tu vida... pero la persona
que te está enseñando el truco de la
productividad está poniendo las cosas tan
difíciles?

Te piden que reorganices toda tu vida, que compres un montón de cosas y que trabajes horas extras.

Nada de eso es necesario con la Técnica Pomodoro.

Sólo necesitas una tarea específica y un cronómetro. Puedes comprar un temporizador en Amazon o usar el de tu teléfono. Aparte de eso, ¡estás listo para comenzar!

La mayoría de las personas que aprenden la Técnica Pomodoro no solo la practican durante unos días y luego la descartan con el tiempo. Más bien, lo hacen parte de sus vidas.

La simplicidad es demasiado buena para rechazarla.

3 convertir las rutinas en rituales

Las rutinas son cosas que tenemos que hacer.

Los rituales son cosas que queremos hacer.

Las rutinas son una serie de actos repetibles.

Los rituales son rutinas con una historia.

Espero que descubras tu ritual personal que te haga cobrar **vida**.

Cuanto más repetimos una rutina… más la personalizamos. La madera muerta comienza a caerse. Después de repetir constantemente las tareas que hacen avanzar la aguja, necesitamos menos fuerza de voluntad para ejecutar estos movimientos.

Un día, no hacemos estas tareas porque tenemos que hacerlo, las hacemos porque queremos.

Así como la disciplina es el puente entre tu imaginación y la realidad, la Técnica Pomodoro es el puente entre las rutinas y los rituales.

4 Liberación de dopamina natural

La dopamina tiene mala reputación. La mayoría de la gente lo asocia con el consumo de drogas duras o alcohol.

Sin embargo, existe una forma natural de liberar dopamina.

- El ingrediente secreto = ¡Reglas!

Cuando creas tus propias reglas y te las impones, tu cerebro libera dopamina.

Después de ejecutar con éxito las reglas que diseñaste, tu cerebro sentirá una sensación de logro. Asociarás esos buenos sentimientos con la Técnica Pomodoro lo que aumenta la probabilidad de incorporar esta técnica a tu vida.

Los 2 elementos necesarios para la técnica Pomodoro

La Técnica Pomodoro Requiere 2 elementos:

1. Tarea específica
2. Temporizador

<u>Tarea específica:</u>

La tarea específica es el elemento de acción que vas a ejecutar en el pomodoro (1 intervalo).

- Queremos ser específicos.
- Queremos trabajar en 1 tarea, no en varias.

Aquí hay un comando descuidado:
➢ Trabaja en mi libro.

Imagina que te asignas este comando y
configuras el temporizador en 25
minutos. ¿Cómo crees que serían 25
minutos?

- Un segundo, estás trabajando en el
  borrador.
- Al segundo siguiente, te preocupas
  por tu ortografía. Entonces, corriges
  tu ortografía a mitad de camino.
- Luego vuelves a escribir tu
  borrador.
- Luego dejas de trabajar en tu
  borrador y comienzas a investigar
  el tema en cuestión.

Una vez transcurridos los 25 minutos,
tienes poco que mostrar.

Esta fue una mala orden.

Aquí hay un comando mejor:
- Escribe 1000 palabras del borrador.

Puedes ser aún más específico:
- Escribe 1000 palabras del borrador

y no te preocupes por la ortografía y la gramática todavía.

Ahora, cuando el cronómetro se pone en marcha, te estás moviendo con un propósito.

Esta vez no tenemos 4 actividades diferentes ocupando nuestro ancho de banda mental. En cambio, tenemos una tarea específica que podemos **realizar.**

Para saber que tienes una tarea específica, debes cumplir las siguientes condiciones:
- Ser capaz de expresarlo con palabras.
- Debe ser 1 elemento de acción.

Si no puedes expresarlo con palabras, entonces no estás seguro de cuál es la tarea. Simplemente buscas ser productivo por el simple hecho de ser productivo. Poner en palabras el elemento de acción te **obligará** a aclarar tu pensamiento.

La segunda viñeta de tener 1 elemento de acción te da un objetivo. Ejecuta el objetivo e ignora el resto.

Temporizador:

La mente **odia** lo borroso, la mente ama la claridad. Aquí hay algo que necesitas saber sobre la productividad:

- Si comprendes el valor del cronómetro, entonces ya estás por delante del 99% de la población.

Porque el cronómetro genera urgencia. Te hace desarrollar una mentalidad escasa hacia el tiempo.

Mira a la gente perezosa. Que tienen todos ellos en comun?
"Eh... no lo sé".

Tienen una mentalidad de abundancia

hacia el tiempo.
¡¡Gran error!!

Tener una mentalidad de abundancia
hacia el tiempo es la razón por la que la
gente pospone las cosas. Ellos piensan:
"¡Tengo mañana para hacerlo!"

Con el cronómetro agregamos urgencia
porque sabemos que los números están
en cuenta regresiva.

30,29,28,27….
¿Sientes eso?
Tu corazón se está involucrando.

Cómo hacer la Técnica Pomodoro

Cada intervalo se conoce como pomodoro.

Un intervalo se divide en trabajo y descanso.

1. Identificar la tarea específica.
2. Configura el cronómetro en 25 minutos.
3. Trabaja.
4. Cuando suene el cronómetro, descansa 5 minutos.
5. Repite el pomodoro de 25 minutos de trabajo/5 minutos de descanso 4 veces.
6. Una vez que hayas ejecutado con éxito 4 repeticiones del pomodoro de trabajo de 25 minutos y descanso de 5 minutos, reduce el tiempo de trabajo y extiende el tiempo de descanso.

a. Ejemplo:
  i. 20 minutos de trabajo seguidos de 10 minutos de descanso.
  ii. 15 minutos de trabajo seguidos de 15 minutos de descanso.

Al principio empezamos con más trabajo. Con el tiempo, redujimos el trabajo y aumentamos el descanso.

Puedes terminar con 1 tarea específica dentro de 2 pomodoros. ¿Ahora qué? ¡Tienes algunas tareas más en las que deseas trabajar!

Ejemplo de la técnica Pomodoro

Pomodoro 1:

Tarea específica: Escribe un borrador de al menos 1000 palabras sobre cómo se descubrió la electricidad.

1. Configura el cronómetro en 25 minutos y trabaje.
2. Una vez que suene el cronómetro, descansa 5 minutos.

Pomodoro 2:

Durante Pomodoro 1, se completó el borrador. Por tanto, necesito una nueva tarea específica.

Tarea específica: solucionar los problemas de ortografía y gramática:

3. Configura el cronómetro en 25 minutos y trabaja.
4. Una vez que suene el cronómetro, descansa 5 minutos.

Pomodoro 3:

Durante Pomodoro 2, se limpió el borrador. Necesito una nueva tarea específica.

Tarea específica: Editar el manuscrito para que suene agradable al lector.

5. Configura el cronómetro en 25 minutos y trabaja.
6. Una vez que suene el cronómetro, descansa 5 minutos.

Pomodoro 4:

La edición suele llevar algo de tiempo. Entonces terminé de editar la mitad de la pieza en Pomodoro 3, pero no terminé toda la tarea. Entonces, para este pomodoro, voy a terminar de editar.

Tarea específica: terminar de editar el contenido.

7. Configura el cronómetro en 25 minutos y trabaja.
8. Una vez que suene el cronómetro, descansa 5 minutos.

Pomodoro 5:

En este punto, he hecho una enorme cantidad de trabajo. Donde la mayoría de la gente salta de una actividad a otra... Completé el borrador, solucioné los problemas gramaticales y edité el blog con éxito.

¡He completado 4 pomodoros exitosos! Aquí es cuando ajusto mi ratio de trabajo y descanso. Para el próximo pomodoro, reduciré mi trabajo a 20 minutos y aumentaré mi descanso a 10 minutos.

Tarea específica: revisa el contenido para asegurarte de que todo esté redactado correctamente.

9. Configura el cronómetro en 20

minutos y trabaja.

10.Una vez que suene el cronómetro, descansa 10 minutos.

Pomodoro 6:

Puedo reducir mi carga de trabajo a 15 minutos y aumentar mi descanso a 15 minutos para este pomodoro si quiero.

Tarea específica: agrega hipervínculos e imágenes relevantes al blog y presiona publicar.

11.Configura el cronómetro en 15 minutos y trabaja.
12.Una vez que suene el cronómetro, descansa 15 minutos.

¡TRABAJO COMPLETADO!

<u>Algunas notas:</u>

A veces, 25 minutos es demasiado para una determinada tarea. Por eso recomiendo tener tareas específicas adicionales en tu arsenal.

Por ejemplo, si escribes rápido y conoces bien el tema, no necesitas 25 minutos para escribir 1000 palabras. Se puede hacer fácilmente en 17 minutos.

Corregir la ortografía tampoco lleva 25 minutos. Puedes hacer clic en "Revisar" en Microsoft Word y luego hacer clic en "Ortografía y gramática". Luego podrás corregir todos los errores ortográficos en tu documento. Eso lleva unos 2 minutos.

Entonces, en lugar de tener pomodoros individuales para escribir el borrador y limpiar la ortografía, podemos combinarlos en uno.

Cuando empieces a conocer la actividad que estás haciendo bien, será cuando conocerás los procesos y flujos de trabajo. Verás que ciertos procesos tardan mucho mientras que otros se realizan en un abrir y cerrar de ojos.
¡No tengas miedo de combinar tareas específicas para aprovechar al máximo cada pomodoro!

PARTE 2:

Pomodoro Remezcla

Historia del Pomodoro Remix

Te lanzo un desafío ahora mismo.
Vaya a Google y escriba "Técnica
Pomodoro".

El 95% de los artículos compartirán el
proceso que acabo de mencionar:

- 4 pomodoros de 25 minutos de
  trabajo y 5 minutos de descanso.
- Seguido de pomodoros de menos
  trabajo y más descanso.

*Para muchas actividades, esta estrategia
funciona.*

Para mí, noté algo diferente. Permítanme
compartir una breve anécdota sobre cómo
descubrí el Pomodoro Remix y luego les
compartiré cómo hacerlo.

Cuando comencé ArmaniTalks, no tenía ni idea de cómo se suponía que debía pasar el día. Cuando tenía un trabajo de 9 a 5, mi gerente decidía mis actividades por mí. Pero una vez que comencé un negocio, tuve dificultades para llenar mi agenda.

En las etapas iniciales, tiré un montón de cosas en la pared y vi qué se pegaba:

- Ir al gimnasio.
- Blog todos los días.
- Pío.
- Atender llamadas de consultoría.
- ¿Gimnasio otra vez?

Estaba confundido.

Al mirarlo en retrospectiva, me di cuenta de que no estaba confundido. Simplemente estaba recopilando datos de los primeros 2 años.

En el segundo año de ArmaniTalks, ciertas tareas sobresalieron. Estos fueron los empujadores de agujas:

- Leer durante 2 horas al día.
- Investigación durante 2 horas al día.
- Ve al gimnasio 1 hora al día.
- Crea contenido durante 2-3 horas al día.

Me di cuenta de que las actividades que **tenía que** hacer me llevaban horas, no minutos.

Inicialmente, estaba aplicando la tradicional Técnica Pomodoro a estas tareas.

Por ejemplo, blogs.
Lo estaba dividiendo en los intervalos tradicionales de 25/5 antes de realizar el ajuste.

Sin embargo, noté un problema.
Bloguear fue un acto creativo.

Cada vez que me interrumpía, cada vez era difícil volver al ritmo una vez que terminaba el descanso.

¡La técnica tradicional Pomodoro estaba haciendo más daño que bien!
No estaba seguro de qué hacer.

Un día decidí cambiarlo. En lugar de hacer funcionar el cronómetro, comencé a hacer funcionar el cronómetro.

—Espera un momento, Armani. ¿Pensé que el cronómetro y el cronómetro eran lo mismo?
No.

El cronómetro cuenta hacia arriba y el cronómetro hacia atrás.

Tenía curiosidad por saber cuánto tiempo me llevó escribir un blog.

Un día lo medí.

- Escribir 1000 palabras me llevó 17 minutos.
- Corregir la ortografía a través de Microsoft Word me llevó 2 minutos.
- La edición tomó 45 minutos.

- Agregar ilustraciones, hipervínculos y metadescripciones tomó 15 minutos.
- La reedición tomó 20 minutos.
- La revisión tomó 6 minutos.

Tiempo total: ~ 1 hora y 45 minutos.

Fue entonces cuando tuve una idea fascinante.

En lugar de usar minutos para mis pomodoros, ¿qué tal si uso HORAS?

Hoy en día, puse mi cronómetro en 2 horas.
Durante esas 2 horas, escribo un blog y publico 5 tweets.
Eso es mucho contenido...

Después de hacer la transición de minutos a horas, me di cuenta de que me había topado con una mina de oro.
- Nació el Pomodoro Remix.

Me preguntaba por qué más gente no

hablaba de utilizar las horas en su
estrategia de gestión del tiempo.

Supongo que entiendo por qué.
Al principio parece desalentador.

Sin embargo, estuvo lejos de ser
intimidante cuando ejecuté los
pomodoros.

Porque en ese momento, los blogs habían
pasado de ser una rutina a un ritual.
Sabía cómo hacer la tarea.

Cada vez que seguía interrumpiendo mi
flujo después de 25 minutos, era difícil
volver a la normalidad. Pero cuando puse
el temporizador en 2 horas, noté algo:

- Me obligué a superar cualquier
  bloqueo creativo.

Cuando me vi obligado a superar
bloqueos creativos, aprendí:

- Los fallos en el pensamiento
  ocurren antes de un gran avance.

Si tuviera un error al pensar con la técnica tradicional Pomodoro, entonces habría dicho:
"Oh, bueno, déjame dejar que el cronómetro se acabe y espero que el próximo pomodoro sea mejor".

Con esta mentalidad, no habría logrado ningún gran avance. No me OBLIGARÍA a resolverlo.

Pero cuando tuve un pomodoro mucho más largo, me vi obligado a ser paciente y solucionar los problemas.

El flujo creativo continuó.
El problema desapareció y una idea fascinante tomó su lugar.
Luego seguí escribiendo.
Y pude generar un blog.

Los 3 elementos necesarios para Pomodoro Remix

El Pomodoro Remix requiere 3 elementos:
1. Tarea general
2. Cronógrafo
3. Temporizador

Repasemos cada uno.

Tarea General:

Mientras que la técnica Pomodoro tradicional requiere una tarea específica, el Pomodoro Remix requiere una tarea general.

> *Una tarea general utiliza intencionalmente un lenguaje vago para cubrir el superconjunto.*

Por ejemplo, digamos que se trata de limpieza.

La forma específica de enmarcarlo es:
- Platos limpios
- Separar la ropa sucia de la limpia
- Dejar la ropa sucia en la lavandería.
- Vacío
- Papelera vacía

Etc.

La forma general de enmarcarlo es:
- Limpio

Cuando eres general, te **impulsas** a la acción en lugar de insistir demasiado en los detalles.

Lo bueno es que incluso si tienes una tarea general, aún puedes seguir tareas específicas de forma secuencial dentro de esa tarea general.

Por ejemplo, para mi Pomodoro Remix, digo:
- Blog

General...

Sin embargo, dentro de ese comando
general, tengo un montón de tareas
específicas que sigo en orden secuencial:
  * escribir un borrador
  * Limpiar la ortografía
  * Editar
  * Corregir
  * Agregar imágenes, enlaces y
    miniaturas
  * Publicar

Pero aquí está la belleza...
No necesitas tareas específicas dentro de
las generales. Si lo tienes, es una ventaja,
pero no lo necesitas.

Cronógrafo:

Inicialmente, no tienes idea de cuánto
tiempo lleva una tarea. Especialmente en
las etapas iniciales.

Por eso utilizamos el cronómetro. El
cronómetro cuenta.

Queremos obtener un patrón de cuánto tiempo nos lleva ejecutar una tarea general. A menudo habrá variabilidad. Lo que significa que no alcanzaremos el mismo objetivo cada vez, sino que estarán dentro de un rango.

Por ejemplo, cuando escribo en un blog, a veces se necesita:

1 hora 45 minutos
1 hora 29 minutos
1 hora 34 minutos
1 hora 36 minutos
1 hora 43 minutos

Ahora tengo una idea aproximada de cuánto tiempo lleva la tarea general de "bloguear".

Una vez que tengamos una idea aproximada de cuánto tiempo lleva una tarea general, podemos elegir un límite de tiempo con el que nos sintamos cómodos y activar el cronómetro.

<u>**Temporizador:**</u>

Dado que Pomodoro Remix se aventura más allá de los minutos, es muy fácil distraerse y quedarse dormido.

Pero con el cronómetro, seguimos concentrados. Sabemos que cada segundo es digno. Sería una pena si no podemos terminar nuestra tarea general….

El cronómetro mantiene la escasez de tiempo en primer plano en nuestra mente.

Ejemplo de Pomodoro Remix

Digamos que eres un hombre soltero. No limpias tu casa como deberías. Entonces, cada pocas semanas, el lugar se ensucia.

- Tu ropa está por todo el suelo de tu habitación porque te da pereza ponerla en las perchas.
- Hay bolsas de comida, platos y envoltorios en tu sala de estar que tienen insectos volando a su alrededor.
- El fregadero está lleno de platos.
- El bote de basura está repleto de basura.

Este lugar es asqueroso.

Un día, la persona que te gusta te llama
de otro estado y te dice que estará en tu
ciudad. Ella quiere venir.

¡¡Impresionante!!

Pero espera.
Si viera la inmundicia que llamas
vivienda, se iría aterrorizada.

Debes hacer algo.

Es hora de dar rienda suelta al Pomodoro
Remix.

Identificar la tarea general:
  • Apartamento limpio.

Una vez identificada la tarea general, hay
que decidir qué utilizar, ¿un cronómetro
o un temporizador?

Como no tienes idea de cuánto tiempo
llevará algo como esto, configurar el
cronómetro no sería demasiado
estratégico. En su lugar, configura el

cronómetro.

Mira cuánto tardas en girar:
 • Inmundicia -> Limpiar

¡¡Empieza el cronómetro y empieza a limpiar!!

Como no hay ningún plan, estás zigzagueando por todos lados.
 • A veces estás lavando los platos.
 • Otras veces, estás fregando el inodoro.
 • Te quitas los guantes y luego pones la ropa limpia en la percha y la ropa sucia en el cubo de la basura.
 • Sacar la basura.
 • Lavar los platos de nuevo, etc.

Un extraño observará el movimiento en zigzag y dirá:
"¡Este tipo está perdiendo el tiempo!"

Pero mira más de cerca...
El lugar poco a poco se va limpiando.

Después de lo que parece borroso, el lugar está impecable.

El zigzagueo llevó al orden.

Consultas el cronómetro:
- 2 horas y 52 minutos.

Casi 3 horas de trabajo con sentarse ocasionalmente para dejar descansar las piernas y dejar este lugar limpio.

¡Se acerca la fecha y todo va sobre ruedas! Incluso te felicita por tu limpieza.

Al día siguiente, sale para tomar su vuelo.

Pasan 2 meses...
Y ahora tu casa está tan sucia como antes.
¡¡Peor aún!!

La persona que te gusta te envía un mensaje y te dice que tuvo que hacer un viaje de último momento a tu ciudad. Quiere venir mañana.

Una vez más, te encuentras en una situación similar de necesidad de limpiar tu casa.

¿Cómo deberías hacerlo?

Tienes la misma tarea general:

- Apartamento limpio.

Pero esta vez, es posible que tengas ciertas tareas específicas que te facilitarán la limpieza del lugar.

> Te diste cuenta de que es inteligente cuidar tu ropa primero. Entonces, una vez que dejes la ropa sucia en el servicio de lavandería, estará lista cuando termines de limpiar.
> También aprendiste que es mejor dejar la aspiradora para el final. Si aspiras primero y luego quitas el polvo de las mesas... entonces el polvo de las mesas caerá al suelo y tendrás que aspirar nuevamente.

Dado que tienes experiencia en la limpieza de tu apartamento, podrás tener un flujo de trabajo simple en lugar de zigzaguear por fuerza bruta como la última vez.

O simplemente puedes alejarte en zigzag. No estoy juzgando.

Esta vez, ¿deberías utilizar el cronómetro o el cronómetro?

Puedes usar el cronómetro nuevamente para ver si vuelve a rondar la marca de 2 horas y 52 minutos.

¡O simplemente puedes configurar el cronómetro en 3 horas y apretar el gatillo!

Una discusión sobre el descanso

Cuando trabajas durante horas, en lugar de minutos, debes ampliar el resto.

Para los pomodoros anteriores, el descanso puede ser de 20 a 30 minutos. Para los pomodoros posteriores, pueden ser de 45 minutos a una hora.

No te voy a dar un marco exacto sobre cómo descansar. Sólo recomiendo dejar que sean más de 10 minutos.

Dado que los descansos del Pomodoro Remix son más largos que los de la Técnica Pomodoro tradicional, es fácil introducir otra tarea productiva dentro del descanso.

Por ejemplo, comienzo mi día con
actividad.
Aproximadamente 45 minutos de
caminata, 15 minutos de estiramiento, 35
minutos de levantamiento.

Eso es 1 hora y 35 minutos de productividad.

Después de eso, descanso.
Me ducho durante 20 minutos.
La ducha es relajante y me da tiempo
para organizar mi día. Aunque una ducha
no se considera productiva para muchos,
para mí sí lo es. Como trabajo en una
línea creativa, muchas de mis ideas
surgen durante la ducha.

Después de la ducha, paso 2 horas
investigando una variedad de temas.
Una vez pasadas las 2 horas….
Ahora tengo que planchar una camisa de
vestir para mi vídeo de YouTube.

Planchar me tranquiliza.
Observo las arrugas desaparecer de la
camisa de vestir. Una vez planchado, me

peino, me refresco y me afeito un poco.

Luego me puse la camisa de vestir.
Vestirse tomó 20 minutos.
Algunos pueden considerar vestirse como
un trabajo, pero yo lo veo como un
descanso.

Luego pasé las siguientes 2 horas creando
contenido.

**Con descansos más largos, tenemos
más opciones para nuestras
actividades de descanso.**

- Literalmente puedes recostarte en tu
  cama y ver Tik Toks.
  - No digo esto en modo alguno
    crítico. Dedico algunos períodos de
    descanso de 20 a 30 minutos
    simplemente navegando por las
    redes sociales. Nada de malo con
    eso. Ejecutaste una hora más
    pomodoro, ¡descansa como quieras!

- O puedes utilizar tus sesiones de

descanso para realizar otros actos de productividad que te resulten relajantes.

o   Para mí, es ducharme y vestirme.

Asegúrate de configurar un cronómetro o un temporizador para tu descanso. Cuando hay 0 números en tus actividades durante el resto, es fácil prolongar el resto.

Pomodoro Remix vs tradicional

Diferentes actividades requerirán diferentes métodos.

Recientemente, uno de mis amigos me llamó y estaba algo molesto conmigo. Él dijo:
"Hermano, eres el único chico que no ha confirmado su asistencia a mi boda. Vamos hombre, tengo otras cosas que hacer para esta boda. ¡Es difícil perseguirte así!"

Era un tipo que rara vez se molestaba por nada. Por eso, su mensaje se escuchó alto y claro.

Odio las bodas.
No me gusta disfrazarme, viajar, recibir regalos, conversar, etc.

Entonces, cuando un extraño piensa:
"Sólo confirma tu asistencia".

Creo:
"Mientras confirmo mi asistencia, pensaré en todo el pavor que conlleva un fin de semana de bodas. Ese miedo va a arruinarme el día.

Después de que me llamó ese día, puse un cronómetro en 25 minutos.

Tenía mi tarea específica identificada:
- Confirma tu asistencia.

Temporizador: ¡VAMOS!

1. Revisé mis correos electrónicos, escribí su nombre y encontré su correo electrónico.
2. Repasé el itinerario.
3. Confirmé mi asistencia.
4. Vi dónde iba a ser la boda y qué ponerse.
5. Tomó algunas notas.
6. Confirmación de asistencia completa.

7. Luego le respondo el mensaje de
   texto a mi amigo:
   "¡Listo, perdón por el retraso!"

Después de 14 minutos, la actividad
estuvo completa.

Esta era una situación en la que la
tradicional Técnica Pomodoro entró en
juego. No necesitaba operar en la unidad
de horas para esta tarea.

**Al decidir qué marco debes utilizar,
primero identifica qué tareas
pretendes ejecutar.**

Si es una tarea de 45 minutos, entonces 2
pomodoros tradicionales se encargarán
de ello.

Si se trata de una tarea de 2 horas,
entonces un Pomodoro Remix puede ser
inteligente.

Dicho esto, necesitas descubrir qué
estrategia funciona para ti. Algunas

personas han descubierto que las horas
requieren demasiada concentración,
mientras que para otro grupo, los
minutos no les permiten fluir.

Trabaja al revés.
En lugar de decidir qué marco utilizar,
identifica qué tareas estás ejecutando en
primer lugar.

Ambos marcos tienen una cosa en común:
- Quitan el pavor de una actividad.

Sigue experimentando.

Verás que dentro de un paraguas similar,
ciertos actos son mejores con la técnica
tradicional mientras que otros actos son
mejores con el remix.

Por ejemplo, el paraguas de la creación de
contenidos.

Tuitear es mejor con la tradicional técnica
Pomodoro.
Todas las mañanas publico 5 tweets.

Se necesitan 4 minutos para escribirlos.
4 minutos para limpiarlos.
Luego 1 minuto para publicarlos.

Para blogs, Pomodoro Remix es mejor.
Un blog tarda 1 hora y 45 minutos, por lo
que la concentración ininterrumpida es
clave.

PARTE 3:

Retocar

|Bloques de conmutación

Durante mucho tiempo, leía 2 horas al día entre las 5 y las 7 p. m. Esta era mi rutina.

Configuraba mi cronómetro para 1 hora, leía un libro de no ficción, luego configuraba un cronómetro para otra hora y leía un libro de ficción.

Esta fue una rutina exitosa durante **meses.**

Sin embargo, un día comencé a odiar la lectura en ese momento. Mi fuerza de voluntad se estaba fritando y pensé: *"Eh, lo haré mañana"*.

Así, lo que alguna vez fue una gran rutina quedó comprometida.

Fue entonces cuando pensé:
"¿Qué importancia tiene realmente la lectura? ¿Debería eliminarlo gradualmente de mi vida?

Estuve muy cerca de eliminar por completo el bloque de lectura de mi agenda.

Hasta que tuve una idea.

En lugar de eliminar este bloque, ¿qué tal si cambio la hora en la que ejecuto este bloque?

Fue entonces cuando cambié el bloque de 5 a 7 p. m. a 8 a 10 a. m. Inmediatamente después del gimnasio y de la ducha, comenzaba a leer durante 2 horas.

Fue entonces cuando sentí….
ASOMBROSO.

Esta rutina se sentía completamente **nueva.**
Aunque la rutina no era nueva.
Simplemente estaba haciendo la misma

actividad en un momento diferente.

Esto me lleva al punto de:
- En lugar de volar todo, ¡¡retoca!!

En determinadas situaciones, es necesario volar todo por los aires. Lo que antes funcionaba ya no funciona. Sin embargo, con la gestión del tiempo, ese no suele ser el caso. No necesitamos hacer estallar las cosas innecesariamente. La hierba no siempre es más verde, amigo.

Es aconsejable tener una mentalidad cambiante.

Aquí es donde entra en juego la estrategia de cambiar bloques.

Cuando cambiamos de bloque, es como si estuviéramos jugando con Legos. Los mismos Legos entregados a diferentes personas pueden producir resultados dramáticamente diferentes. Cuando alteramos nuestros bloques pomodoro, producimos diferentes emociones.

Si notas que se vuelve difícil hacer un determinado bloque al final del día, pásalo a la mañana y viceversa.

Cambiar elementos

Otra forma de modificar tus pomodoros sin arruinarlo todo es cambiar algunos elementos.

Por ejemplo…
Cuando comencé a temer leer entre las 5 y las 7 de la tarde, no solo odiaba el intervalo de tiempo.
También comencé a odiar los libros de bolsillo.

Porque muchos libros de bolsillo tienen un formato muy deficiente. El texto se extiende hasta el lomo. Mientras intentaba leer, tenía que seguir girando el cuello, línea por línea, para ver qué decía el autor.

¡Intenta hacerlo cien veces, a izquierda y derecha!
Me empezó a doler el cuello.

Asocié el dolor de cuello con la lectura.

En lugar de eliminar los libros de bolsillo, compré un Kindle. El Kindle rejuveneció mi espíritu de lectura porque quería probar esta nueva tecnología.

Cuando compré el Kindle, me sorprendió gratamente. Todos los libros tenían el mismo formato estándar, así que no hay motivo para torcerme el cuello.

¡Una combinación de lectura por la mañana y lectura a través de un nuevo medio me permitió mantener el pomodoro de la lectura en mi arsenal!

Después de unos meses, comencé a cansarme del Kindle. En lugar de tirarlo a la basura, volví al libro de bolsillo.

¡Al cambiar entre medios, los pomodoros son capaces de permanecer intactos!

Cambiar ubicaciones

Otra forma de modificar un pomodoro

sin descartarlo es cambiar de ubicación.

Sigamos con el ejemplo de lectura.

Normalmente leo en el sofá de la sala.

Un día sentí frío e iba a terminar la
lectura antes de lo esperado.

En lugar de detenerme temprano, me fui
a la cama con el Kindle, me cubrí con las
mantas y leí.
Terminé completando todo el bloque de 2
horas.

Cambiar de ubicación infundió una
nueva vida a la rutina.

Saber cuándo cambiar

*No queremos arreglar lo que no
está roto.*

Las ideas de ajustes sólo se presentaron
en esta sección para asegurarse de no
descartar un bloque pomodoro

prematuramente. Pero evita realizar ajustes si estás contento con la ejecución de los pomodoros.

Sigue las emociones.

Si tienes un día en el que temes realizar una determinada actividad, es perfectamente normal.

Pero si los días se acumulan en varios días, en una o dos semanas... y comienzas a descartar la tarea por completo, debes evaluar lo siguiente:
- ¿Estás superando esta tarea?
- ¿Deberías modificar?

Ciertas tareas fueron importantes en un capítulo anterior de tu vida, pero ya no son necesarias hoy en día.
Tu cuerpo te está diciendo que evoluciones en lugar de dedicar tiempo a una actividad de bajo retorno de la inversión.

Otras veces, la tarea es muy importante.

Cuando no leía, notaba que era más difícil convertir mis pensamientos en palabras.

La lectura seguía siendo un empujador de agujas.
De ninguna manera podría eliminar eso.
Por lo tanto, debo modificarlo.

Permite que tus emociones sean una brújula para lo que modificas.

PARTE 4:

Pomodoro ilimitado

Aventurarse más allá de la productividad

Pomodoro Remix es ideal para campos creativos como escribir, codificar y pintar. Porque para los campos creativos, es necesario entrar en el ritmo.
Y si sigues tomando descansos cada 25 minutos, entonces será difícil seguir el ritmo.

Esto es lo bueno del remix.
No sólo se aplica a la productividad.
También se puede aplicar a las habilidades sociales.

Una vez me llamó un número aleatorio.
Cuando pregunté quién era, el chico dijo que era un nuevo miembro de mi fraternidad.

Se estaba acercando para invitarme a un evento de ex alumnos.

Pensé que era genial que los hermanos menores estuvieran lanzando algo para los hermanos mayores, así que le dije al niño que estaría allí.

Después de la llamada telefónica, me di cuenta de que había cometido un error. Este fin de semana iba a estar muy ocupado.

Bueno, le di mi compromiso.

El día del evento, mientras conducía hacia el picnic, seguí pensando:
"Debería estar en casa ahora mismo trabajando en este proyecto. No socializar en un picnic.

Cuando estacioné, pensé:
"Bueno, estás aquí. Deja de ser un bebé. ¡Tu tarea es divertirte!"

Mi tarea era divertirme.

Mmm....
¿Por qué no montar un pomodoro de 3 horas para divertirte?

¿¿Sabes que??
¡Eso es exactamente lo que voy a hacer!

Puse el cronómetro y salté de mi auto.
Una vez que se activó el pomodoro, me sentí bien.

Ahora no estaba pensando demasiado en cómo debería hacer el trabajo.
Porque técnicamente estaba trabajando.
Estaba ejecutando un pomodoro.

La técnica tradicional pomodoro de 25/5 suele funcionar para aumentar la productividad.
Pero cuando pasas de minutos a horas, ¡de repente se abre el alcance de las actividades!

También puedes aplicar el Pomodoro Remix para descansar.

Si tuviste un día largo y productivo, establece un pomodoro de 2 horas para descansar por la noche. Esta es una cura para ser adicto al trabajo.

Dado que se trata de horas, no es necesario que sigas revisando tu teléfono. Hay un elemento de "configúrelo y olvídese".

Con el remix, nos aventuramos más allá de la productividad y nos extendemos a otras partes de la vida.

PARTE 5:

Resumen

| Puntos clave

La Técnica Pomodoro es un marco de gestión del tiempo destinado a brindarle claridad y ayudarlo a organizar su agenda.

La Técnica Pomodoro es diferente de otros marcos de gestión del tiempo porque tiene en cuenta el trabajo y el descanso. Cuando sólo tienes en cuenta el trabajo, te abrumarás. Tener en cuenta el descanso conduce al éxito a largo plazo.

Algunos de los beneficios de la Técnica Pomodoro es que te ayuda a superar la procrastinación. Otro beneficio de la técnica es que es sencilla. Debido a la sencillez de la Técnica Pomodoro, podemos realizar rutinas hasta convertirlas en rituales. Ejecutar rutinas y rituales es una forma saludable de liberar dopamina en el cerebro. Cuando establecemos nuestras propias reglas y las seguimos, nos sentimos físicamente bien.

La forma en que hacemos la Técnica Pomodoro es elegir primero una tarea específica. La tarea específica es un elemento de acción claro en el que trabajaremos.

Luego tenemos 4 pomodoros (repeticiones) donde trabajamos durante 25 minutos y tomamos descansos de 5 minutos.

Después de completar con éxito los 4 pomodoros, reduciremos las cargas de trabajo y ampliaremos los descansos. Sigue repitiendo hasta completar las tareas.

En este libro, también hablamos del Pomodoro Remix. Mientras que la técnica Pomodoro tradicional utiliza minutos, el

Pomodoro Remix se centra en horas.

Para hacer Pomodoro Remix, comience con tareas generales como "gimnasio", "blog", "sala limpia".
Puedes tener tareas específicas dentro de la tarea general, pero eso es opcional.

Una vez que tengas una tarea general, utiliza un cronómetro para ver cuánto tiempo te lleva realizar la actividad. Una vez que sepas cuánto tiempo lleva la actividad, en el futuro, utiliza el cronómetro.

Dado que los Pomodoro Remixes son más largos, es inteligente tomar descansos más prolongados.

¿Cuándo se debe aplicar la Técnica Pomodoro tradicional vs el Pomodoro Remix?
Eso depende de ti.

La sugerencia ofrecida en este libro fue centrarse en las tareas más que en el marco.

Algunas tareas quedan mejor con el tradicional pomodoro.
- Como confirmar su asistencia a un evento que temes.

Otras tareas son mejores con un Pomodoro Remix.
- Como escribir un blog desde la generación de ideas hasta la publicación.

Experimenta para ver qué funciona para ti.

A medida que apliques la productividad a tu vida, verás que realizas mucho más trabajo.
Serás constante durante mucho tiempo.

Sin embargo, llegará un día en el que temes ser productivo. Hay 1 o más bloques pomodoro en los que temes trabajar.

En situaciones como ésta, en lugar de

hacer estallar todo el sistema, ¡modifícalo!

Si haces un determinado pomodoro al final del día, experimenta con la mañana. Si la mañana te hace temer la actividad, intenta realizarla cuando se ponga el sol.

Otras formas de modificar el pomodoro es cambiar las herramientas que utilizas para ejecutarlo o cambiar la ubicación.

Un ajuste estratégico devuelve la vida al pomodoro.

El temor ocasional a la productividad es perfectamente normal. Pero cuando empezamos a temer la productividad durante un largo período, es cuando queremos hacer ajustes.

Sigue las emociones.

El último punto fue que cuando operamos en horas en lugar de minutos, el estilo de vida pomodoro no es sólo para la productividad...

¡En cambio, se puede aplicar a la vida!

Los bloques de horas de pomodoro también se pueden aplicar a las habilidades sociales, el descanso y los pasatiempos.

PARTE 6:

Bonus

|Consejos adicionales

Esta sección tendrá algunos consejos adicionales para asegurarse de aprovechar al máximo la Técnica Pomodoro y el Pomodoro Remix. Toma lo que funcione y desecha el resto.

1. Realiza tareas difíciles por la mañana

Aquí tienes un truco de vida. Realiza de 1 a 3 de sus tareas más difíciles tan pronto como te despiertes.

La mayoría de la gente reparte las tareas a lo largo del día. Pero si los haces a primera hora de la mañana, **ganarás.** ¡Empiezas tu día con impulso!

Cuando distribuyes los pomodoros duros

a lo largo del día, siempre aparece la policía:
"Lo haré mañana".

Cuando ejecutas los difíciles pomodoros por la mañana, ¡obtienes un rebote!

2. Cuando Descanses, Descansa

El descanso tiene mala reputación en el ámbito de la superación personal. Sin embargo, esa es una mala percepción. Descansar te permite ser constante a largo plazo y tener más energía para tus pomodoros.
Uno de los mantras más simples para superar la mentalidad adicta al trabajo es:

- Gana tu descanso.

Cuando ejecutas tus pomodoros a la perfección, esto te permite sentir que no estás aflojando cuando estás descansando.

Si hiciste algunos Pomodoro Remixes, es posible que estés cansado al final de la noche. Utiliza ese tiempo para relajarte y separar tu vida productiva de tu vida personal.

3. Consigue un cronómetro físico si es posible

Obtener un cronómetro físico es una forma divertida de involucrarte en la mezcla. Hay una sensación única cuando sientes la palma de tu mano en el dial, le das cuerda hacia atrás y luego escuchas el zumbido cuando comienzas a tocar el pomodoro.

No digo que el temporizador del teléfono móvil esté mal. Sin embargo, cuando tienes un cronómetro físico o uno de esos relojes de arena, tus sentidos se activan. Hay muchas opciones para elegir en Amazon.

4. Tener una zona de productividad

Tener un lugar donde trabajar agrega estructura. Al igual que muchos empresarios exitosos usan lo mismo todos los días porque no quieren que su mente se abarrote con lo que van a usar... Una idea derivada es saber dónde vas a trabajar todos los días para no usar tu ancho de banda mental eligiendo una ubicación.

Si eres alguien a quien le cuesta descansar porque siempre estás trabajando, entonces es útil tener un área de trabajo determinada. Porque hay un límite claro. Cuando sales de esa zona de trabajo, sabes que vas a jugar. Pero cuando estás en esa área de trabajo, existe la regla del trabajo. No permitas que ningún negocio divertido o tonterías entren en tu codiciada área de trabajo. Cuanto más estrictas sean las reglas en el área de trabajo, más claros serán los límites. Ese límite te ayudará a apagar la intensidad una vez que salgas del lugar de trabajo.

|Conclusión

Odio cuando las cosas son demasiado complejas.
La sencillez siempre me ha conquistado.

Soy un gran admirador de la Técnica Pomodoro porque no necesitas demasiado.
Sólo una tarea específica y un cronómetro.

Soy un gran admirador de Pomodoro Remix porque me permite convertir grandes cargas de trabajo en una ciencia.

Tener algo de organización detrás de los días despeja mucho desorden de la mente.

Una cosa que aprendí es que con el estilo

de vida pomodoro la espontaneidad no desaparece.
En cambio, puedes realizar las tareas importantes del día y luego ser espontáneo todo lo que quieras.

Una vez que termino mi trabajo, hoy en día me relajo sin preguntarme constantemente:
"Caray, ¿me estoy perdiendo algo?"

Tener una agenda ocupada es mejor que tener una agenda vacía. ¿Pero sabes qué es mejor que tener una agenda ocupada?

Tener una agenda ocupada a la que no temes.

La técnica Pomodoro elimina el desorden de tu estilo de vida.
¡Adiós entropía y hola rentabilidad!
Si disfrutaste este libro, asegúrate de consultar los otros libros de la serie de guías para principiantes.

Cuando termine de hablar, podrás pasar

a la página siguiente y ver la colección de guías para principiantes. Hay guías que cubren cómo escribir ensayos, hablar mejor frente a la cámara, hablar improvisadamente, negociar mejor y mucho más.
Si deseas saber más sobre la marca ArmaniTalks, visite
www.armanitalks.com

Este es mi sitio web donde todo está compartimentado en 1. Verás mis blogs, vídeos de YouTube, podcasts y productos.

Finalmente, publico un boletín diario que trata temas como hablar en público, contar historias y habilidades sociales. Todos los días a las 7 p.m. hora del este, se te entregará una nueva historia corta para ayudarte con tus habilidades de comunicación. Regístrate aquí:
www.armanitalks.com/newsletter

Eso es todo de mi parte.

¡¡Piensa rápido!!

Una guía para principiantes sobre el habla improvisada, el pensamiento claro y las habilidades de concentración

Piensa Rápido es una guía para aprender a hablar de forma improvisada y mejorar los niveles de concentración. Se trata de un libro fácil de usar para principiantes, para convertir el pensamiento en ideas y las ideas en palabras. Piensa rápido y adáptate a cualquier situación que se te presente.

En Piensa Rápido aprenderás:

- Las ventajas de aprender a hablar improvisando.
- Cómo concentrarse mejor.
- El poder de mejorar un 1% cada día.
- Cómo practicar la improvisación oral.
- Cómo controlar tus progresos.
- Desafíos al hablar de improviso.
- Formas de utilizar la improvisación para crear contenidos convincentes.
- Cómo vincular la mente, la respiración y el cuerpo en un sistema unificado.

VE AL GRANO

Guía para principiantes sobre redacción de ensayos, pensamiento crítico y razonamiento lógico.

Ve al Grano es una guía para principiantes sobre cómo escribir ensayos, utilizar el pensamiento crítico y desmenuzar temas complejos mediante el análisis lógico. Los ensayos son una manera profunda de construir tu cuerpo de trabajo y solidificar tu filosofía. Aprende el arte y la ciencia de escribir ensayos en este libro.

En Ve al grano, aprenderás:

- Cómo crear un tema convincente para tus ensayos.
- El uso de la lógica, las palabras y el pensamiento crítico para desmenuzar temas complejos.
- Estrategias eficaces para investigar tu tema.
- Una forma rápida de construir un borrador.
- Un marco sencillo para editar tus ensayos para que suenen más conversacionales.
- El arte de la corrección.
- Cómo superar el síndrome del impostor y publicar tu trabajo.
- Formas estratégicas de hacer crecer tu imperio digital con el uso de ensayos.

Sinergia

Una guía para principiantes sobre habilidades de negociación, persuasión y acuerdos en los que todos ganan

---

Sinergia es una guía para principiantes sobre cómo negociar mejor, mejorar tus habilidades de persuasión y crear ideales en los que todos ganen. Vivimos en un mundo interconectado. Gradúate de la mentalidad de competencia y adopta la mentalidad de colaboración.

En Sinergia, aprenderás a:

- Detectar buenas ofertas de malas ofertas.
- Convertir un no en un sí en ciernes.
- Tratar con personalidades agresivas.
- Pedir con confianza algo a los demás.
- Crear plazos realistas.
- Implementar el ciclo de vida de negociación de sinergias para crear acuerdos en los que todos ganen.
- Saber la forma correcta para hacer preguntas para extraer información.
- Afrontar el rechazo como un ganador.
- Hay una sección adicional para desarrollar habilidades de persuasión.

¡¡Luces CÁMARA ACCIÓN!!

Una guía para principiantes para superar la timidez ante la cámara, grabar vídeos y crear una presencia digital

---

Luces, Cámara, Acción es una guía para principiantes sobre cómo superar la timidez ante la cámara, grabar vídeos y construir tu presencia digital. Este libro te ayudará a sentirte cómodo cuando se encienda la luz de grabación. ¡Aprende a transmitir tus ideas desde tu mente al mundo! Utiliza la cámara y conviértela en tu mejor amiga.

En este libro aprenderás:

- La timidez ante la cámara existe
- Cómo practicar eficazmente para superar la timidez ante la cámara.
- Diferentes métodos para aportar ideas sobre las que hablar.
- Cómo matizar tus ideas.
- Cómo actuar correctamente ante la cámara para mejo rar tu discurso,
- El poder de la postura.
- Por qué deberías abrir un canal privado en YouTube.
- La importancia dé ver películas.

www.ingramcontent.com/pod-product-compliance
Lightning Source LLC
Chambersburg PA
CBHW052143150726

48002CB00003B/1052